ESSAI DE GRAMMAIRE

DE LA

LANGUE BASQUE.

ESSAI DE GRAMMAIRE

DE LA

LANGUE BASQUE.

AMSTERDAM,
LIBRAIRIE DE C. M. VAN GOGH.
1865.

Typ. de BINGER FRÈRES, à Amsterdam.

AVANT-PROPOS.

La grammaire de Laramendi, pour ne pas parler des autres grammaires qui ont été copiées presque littéralement d'après la sienne, contient, malgré toutes ses qualités, beaucoup de contradictions et d'inexactitudes. Il n'est pas difficile d'en trouver la cause; c'est la préoccupation constante de vouloir assimiler la langue Basque aux langues Latine et Espagnole, langues qui n'ont pas le moindre rapport avec elle.

Il est bien reconnu aujourd'hui que le Basque appartient à la grande famille de langues dites: Touraniennes; il faut donc se résigner à n'y plus chercher les règles ni les formes du Latin.

Quelques petites brochures sur les affinités des langues Basque, Finnoise, Turque, Mongole, etc. ont paru; mais on chercherait vainement, autant que nous sachions, une grammaire Basque, quelque élementaire qu'elle fût, purgée de cet amas de règles incohérentes et contradictoires, qui rendent l'étude de cette langue beaucoup plus difficile qu'elle ne devrait l'être.

Pour preuve de ce que nous avançons, nous ne citerons que deux exemples. Laramendi, dans sa grammaire à la page 334 dit : quand les postpositions se trouvent avec les pronoms, (personnels, bien qu'il ne le dise pas) on emploie le nominatif des pron. possessifs : *nere aurrean*, devant moi ; *gure aldean*, près de nous. Cette règle aussi peu claire que vraie, n'existe que parcequ'il ne s'est pas aperçu, que *nere*, *gure*, sont des génitifs des pronoms pers. *ni*, *gu*. A la page 286, où il est parlé du pronom indéfini *bat*, quelque, qui régit le génitif, il donne pour règle, que si le nom finit par une voyelle, ce sera le génitif singulier, et, si le nom finit par une consonne, ce sera le génitif du pluriel qu'il faudra mettre, p. ex : *arriren batec jo du*, alguna piedra le ha sacudido ; *gizonen bat icusi du*, un, (quelque) homme à vu. Ainsi, c'est une voyelle ou une consonne qui régit un cas ! De pareilles règles n'ont pas le sens commun. Laramendi n'a pas vu que ces génitifs sont au singulier indéfini c. a. d. sans l'article. Le *r* dans *arriren* est euphonique, comme dans tout mot qui finit par une voyelle ; *Pedro* fait *Pedroren*. Supposons un moment que Laramendi ait raison, alors le génitif serait toujours *arriaren* et non *arriren* ; la règle est donc doublement fautive.

Les ouvrages où la langue Basque est traitée incidemment sont de peu d'utilité ; ils ne contiennent en général que des aperçus très incomplets de ces mêmes grammaires ; et l'on est désagréablement surpris, après avoir lu des éloges pompeux sur la simplicité de la langue Basque, de trouver une grammaire si embrouillée.

Le but de ce petit essai est de donner de la langue Basque, une esquisse à grands traits qui soit plus en rapport, avec son véritable caractère.

Cet essai pourrait être beaucoup plus complet, nous le savons; mais nous avons omis à dessein tout ce qui ne pouvait être sujet à discussion, p. ex: les tableaux des noms de nombre, les différentes formes du verbe, (forme polie, familière, etc.); les autres grammaires y suppléeront. Il nous reste à demander la plus grande indulgence pour cette brochure. Il sera superflu de dire que nous écrivons dans une langue qui n'est par la nôtre, et que nous sommes peu habitués à manier la plume. L'appréhension de paraître devant le public a été vaincue par la conviction que, pour une grammaire, c'est plutôt le fond que la forme qui intéresse.

Quant à l'orthographe, nous avons conservé en partie celle de Laramendi. Nous écrivons *dizquidac* et non *dizkidak*.

La nouvelle orthographe est sans doute très simple, mais aussi supprime-t-elle d'un seul coup l'étymologie. Il est vrai que l'étymologie ne nous apprend pas beaucoup pour le moment; mais à quoi bon remplacer une orthographe défectueuse par une autre, qui, si elle n'est pas égalemement défectueuse, est évidemment incertaine. Le suffixe *co*, entre autres, parait toujours avoir été ecrit avec *c*, ou par la ligature *co*, sur les monnaies ibériennes. *Qu* n'a pas de raison d'être; c'est une combinaison de lettres qui correspond au son K;

on pourrait donc écrire *k* pour *qu*: *dizkidak*, *diozkatet;* mais le *k* dans ce dernier mot remplace un *c*, de sorte que non seulement *qu* mais *c* se trouvent remplacés par *k*, tandis que le *c* resterait dans d'autres mots, p. ex. *diozkatec;* nouvel embarras.

Pour le *g* et le *z* nous avons suivi la nouvelle orthographe, c. a. d, que *g* a toujours le son dur, comme dans le mot: garçon; ainsi nous écrivons, *gizon* et non *guizon; gero* et non *guero.*

Le *z* remplace le *c*, pour les sons sifflants: *zenduen*, et non *cenduen; zinituen* et non *cinituen.*

Aussi longtemps, croyons nous, que l'on ne sera pas fixé davantage sur l'étymologie des mots, toute tentative de changer l'orthographe, sera d'une utilité très contestable.

Ne pouvant lever les obstacles, nous conservons l'ancienne orthographe.

CHAPITRE I.

DE L'ARTICLE, DU SUBSTANTIF ET DE LA DÉCLINAISON.

Il n'y a qu'une seule déclinaison.

Paradigme de la déclinaison.

Nominatif.	—, *éc.*
Génitif.	*en.*
Datif.	*i.*

EXEMPLES.

	Gizon. homme.	*Bat.* un.	*Martin.* Martin.
Nom.	*Gizon, Gizonéc.*	*Bat, Batéc.*	*Martin, Martinéc.*
Gen.	*Gizonen.*	*Baten.*	*Martinen.*
Dat.	*Gizoni.*	*Bati.*	*Martini.*

Le nominatif finit en *éc* quand il est le sujet d'un verbe actif; étant le sujet d'un verbe neutre ou passif il reste comme il est.

Si le nom, appellatif ou propre, finit par une voyelle, on ajoute *c* et non *éc* au nominatif et on intercale *r* au génitif et au datif. *Pedro*, Pierre, fait au Nom. *Pedro, Pedroc;* Génitif, *Pedroren;* Datif, *Pedrori.*

Déclinaison de l'article *á* le, la, les.

L'article suit la règle des noms qui finissent par une voyelle comme *Pedro.*

Singulier.		Pluriel.	
Nom.	*á, ác.* le, la.	N.	*ac.* les.
Gén.	*arén, aréna, arénac.*	G.	*en, ena, enac.*
Datif.	*ari.*	D.	*ai.*

Le *r* du génitif et du datif sing. est intercalé pour l'euphonie.

Déclinaison du substantif avec l'article.

Gizon, homme.

Singulier.		Pluriel.	
Nom.	*gizoná, gizonác.* l'homme.	N.	*gizonac.* les hommes.
Gén.	*gizonarén, gizonaréna, gizonarenac.*	G.	*gizonen, gizonena, gizonenac.*
Datif.	*gizonari.*	D.	*gizonai.*

On nomme la déclinaison avec l'article : déclin. définie; sans l'article : déclinaison indéfinie. L'erreur de confondre la déclinaison sans l'article et celle avec l'article, est cause de beaucoup de contradictions. La suite de cet essai le montrera plus clairement.

La langue Basque ne connait pas de genre; p. ex. *gizoná*, l'homme, *emacumeá*, la femme.

L'accusatif et le vocatif sont pareils à la première forme du nominatif, p. ex : *edaten det ura*, je bois de l'eau. La première forme du nominatif *á*, sert quand le nom est le sujet d'un verbe passif ou neutre, p. ex: *Jauna dator*, le seigneur vient.

La seconde forme *ác* quand il est le sujet d'un verbe actif, p. ex. *Jaunác eman dit*, le seigneur me l'a donné.

La 1re forme du génitif sert pour le génitif attributif [1]) p. ex. *gizonaren ederrá*, la beauté de l'homme.

La 2me et 3me forme pour le génitif prédicatif [2]); p. ex. *eché au da Jaunaréna*, cette maison est du seigneur; littéralement *celle* du seigneur; c'est à cause de cela que, si la chose possedée est au pluriel on emploie la forme *ac* p. ex. *eché oiec dira Jaunarenac*, ces maisons sont du seigneur, littéralement *celles* du seigneur; *a* et *ac* sont l'article sing. et plur. postposés au génitif.

Ces règles s'appliquent aussi aux génitifs des pronoms démonstratifs et interrogatifs.

On postpose régulièrement au nominatif de l'article et par conséquent, du substantif aussi, les différents suffixes, *gatic*, *gabe*, *gan* etc., excepté *tzat* et *quin* (voir les suffixes.)

Ainsi: *agatic*, pour le; le pluriel de l'article étant *ac*, *acgatic*, pour les; *agabe*, sans le; le pluriel de l'article étant *ac*, *acgabe*, sans les.

[1]) *Attributif*, c. a. d. Quand le possesseur et la possession forment *un* membre de la phrase, soit comme sujet, soit comme régime; p. ex La maison de mon père est belle. (Sujet.) J'ai vu la maison de mon père. (Régime.)

[2]) *Prédicatif* c. a. d. Quand le possesseur et la possession sont dans la relation réciproque de sujet à attribut, p. ex. Cette maison est de mon père.

Gizonagabe, sans l'homme; *gizonacgatic*, pour les hommes.

L'article est proprement dit le pronom démonstratif, l'accentuation seule a été changée.

Il y a encore une terminaison pour le nominatif tant du substantif, que de l'adjectif et du participe, en *ic* ou *ric* selon que ces mots finissent par une consonne ou par une voyelle. On s'en sert dans les phrases négatives et indéterminées p. ex.: *mutilic eztago*, il n'y pas de garçon; *gizonic agueri ezta*, il ne parait aucun homme; *ezta iñor ain gaistoric, beretzat ere danic*, personne n'est si méchant, qu'il le soit aussi pour soi même.

Observations sur la déclinaison.

Nous n'avons admis comme cas que le nominatif, le génitif et le datif, puisqu'ils correspondent exactement à ces mêmes cas des autre langues, et que rien ne s'oppose à les accepter comme tels.

L'accusatif étant toujours semblable au nominatif, cela revient à dire qu'il n'existe pas.

L'ablatif de Laramendi a quatre formes différentes, équivalentes à quatre prépositions; il n'y a aucune raison de s'en tenir à ces quatre formes; comme toutes les prépositions des autres langues, s'expriment en Basque par des suffixes, on aura une déclinaison avec autant de cas que de suffixes Tous ces cas doivent avoir des noms, et c'est ainsi que pour le plaisir de calquer la grammaire basque sur celle des langues plus connues de l'Europe l'on forme une série de cas (20 selon les uns 16 selon les autres, le nombre n'est jamais fixé) dont les noms baroques ne servent qu'à embrouiller une grammaire très simple en elle même.

Le suffixe *z* parait avoir autant de droit à être rangé au nombre des cas, que l'*i* du datif; mais puisque au pluriel ce n'est plus une flexion proprement dite, mais un suffixe (*zaz*) qui régit le génitif, nous l'avons considéré comme suffixe.

La différence entre un cas et une postposition est, que le premier n'a plus de signification en lui même, et bien le second; et quoiqu'il existe beaucoup de postpositions inintelligibles comme mots indépendants, ils dérivent cependant sans le moindre doute de bases nominales ou pronominales.

Bien que le nom soit rarement décliné sans l'article *a*, cela a lieu cependant avec les noms de nombre, p. ex. *bi gizonéc ecarri zuten*, deux hommes le portérent.

CHAPITRE II.

L'adjectif, le comparatif et le superlatif.

Comme la langue basque ne connait pas de genre et que le nombre est indiqué par l'article postposé au nom, soit substantif, soit adjectif, il n'y a presque rien à dire sur l'adjectif.

L'adjectif se place toujours après le substantif qu'il qualifie, p. ex : *gizon edér bat*, un bel homme.

Le comparatif, plus, est exprimé par *ago* postposé. Le comparatif de supériorité, plus — que, par *ago baño*, tous les deux postposés, le premier inséparable, p. ex : *eder*, beau, *ederrago*, plus beau ; *otz*, froid, *otzago*, plus froid ; *ederrago loréac baño*, plus beau que les fleurs, *zu baño obeago*, meilleur que toi, *otzago elurra baño*, plus froid que la neige.

On voit que la personne ou la chose à laquelle on compare peut précéder ou suivre, et qu'elle est toujours accompagnée de l'article.

Ce n'est pas seulement à l'adjectif que l'on postpose le suffixe de comparaison ; mais aussi au substantif : *gizonago naiz hurá baño*, je suis plus homme que lui ; et au verbe, c'est à dire en transformant l'adjectif en participe présent auquel on ajoute alors *ago;* p. ex : *egunoró ederrágo egiten da*, chaque jour se fait plus beau, ou, *egunoró edertzenágo da; eder* est l'adjectif ; on en fait le participe présent *edertzen* auquel on postpose *ago*, *edertzenago*.

Le comparatif d'égalité, autant, aussi — que, se rend par *adina*, *bezain*, *bezambat*, *ambat*, *cembat*, postposé à la personne ou à la chose à laquelle on compare, et en intervertissant l'ordre de la phrase, p. ex: *zu bezain ederra da*, il est aussi beau que toi; *zuec bezambat eginen dut*, je ferai autant que vous.

Le superlatif relatif se rend par des adverbes qui correspondent à l'adverbe français: très, *chit*, *chitez*, *guciz*, *gustiz*, *anitz*; p. ex: *chit ederra*, très beau; *chitez andia*, ou *andia chitez*, très grand. On les place devant ou derrière le mot qu'ils qualifient.

Le superlatif absolu se rend par *ena*, (le génitif pluriel avec l'article), p. ex: *onena*, le meilleur; *andiena*, le plus grand; *ederrena*, le plus beau.

Il régit le génitif pluriel, p. ex. *gizonen andiena*, le plus grand homme (le plus grand des hommes); on peut aussi de servir du suffixe *etatic*: *gizonetatic andiena.*

CHAPITRE III.

LES PRONOMS.

Les pronoms personnels.

1re Personne.

Singulier.	Pluriel.
Nom. *ni*, *nic*, je.	N. *gu*, *guc*. nous.
Datif *niri.*	D. *guri.*

2me Personne.

Nom. *hi. hic.* tu (plus familier		N. *zuec.* vous.
Datif. *hiri.* que *zu*).		D. *zuei.*
Nom. *zu, zuc,* tu.		
Datif *zuri.*		

3me Personne.

Nom. *a, ac.* il.	N. *áiec.* ils.
Gén. *aren.*	G. *áien.*
Datif. *ari.*	D. *áiei.*

Les autres dialectes ont pour le nominatif singulier *hura,* et *arc.* Salon Lardizabal *a, ac,* sont du dialecte Biscayen. On postpose régulièrement au nominatif de tous ces pronoms les différents suffixes, *gatic, gabe, gan* etc.; excepté *tzat* et *quin* qui régissent le génitif; (voir les suffixes).

C'est seulement avec les suffixes *tzat, quin* que reparaît l'ancien génitif des pron. personnels, qui n'est pas en usage, et dont sont formés les pronoms possessifs; (voir les pron. possessifs).

Ainsi l'on dit *nerequin, gurequin, hirequin,*

Le pron. de la 3me personne possède un génitif; on y postpose donc les suffixes qui régissent ce cas, p. ex: *arequin, arentzat* etc. (voir les suffixes).

Zuec, vous, est un pluriel; il a donc du avoir un génitif *zuen,* que nous retrouvons avec les suffixes, car il fait *zuentzat, zuenzaz*; (voir les suffixes).

Pronoms possessifs.

Singulier.			Pluriel.		
1re personn.	*nere.*	mon.	1re personn.	*gure.*	notre.
2me „	*hire* / *zure.*	ton.	2mé „	*zuen.*	votre.
3me „	*bere.*	son.	3me „	*bere.*	leur.

Ils sont indéclinables; on dit *neré aitá*, gén. *nere aitarena*, mon père, de mon père.

On les décline pour en faire des adjectifs possessifs: *nerea*, *zurea*, *hirea*, *berea*, ou *arena*, *gurea*, *zuena*, *berena*.

p. ex.				
Nom.	*nerea.*	le mien.	*hirea.*	le tien.
Gen.	*nerearen.*		*hirearen.*	
Datif.	*nereari.*		*hireari.*	

Le pronom possessif est placé, comme l'on voit, devant le substantif qu'il qualifie.

On postpose régulièrement les différents suffixes au nominatif de l'adjectif possessif, excepté *tzat* et *quin*; (voir les suffixes).

Pronoms démonstratifs.

Singulier.			Pluriel.		
Nom.	*au, onéc.*	Celui-ci.	N.	*oiec.*	Ceux-ci.
Gén.	*onen, a, ac.*		G.	*oien, a, ac.*	
Datif.	*oni.*		D.	*oiei.*	
Nom.	*ori, orrec.*		N.	*oriec.*	Ceux-ia.
Gén.	*oren, a, ac.*		G.	*orien, a, ac.*	
Datif	*orri.*		D	*oriei.*	

Pour les différentes terminaisons du génitif, voir l'article.

En ajoutant au possessif *nere* le démonstratif *au*, et au

possessif *gure* le démonstratif *oiec*, on forme les pronoms qui correspondent au francais: moi-même, nous mêmes.

1re Personne.

Moi-même.	Nous-mêmes.
Nom. *nerau, neronéc.*	N. *gueroc.*
Gén. *neronen, a, ac.*	G. *gueron, a, ac.*
Datif. *neroni.*	D. *gueroi.*

La 2me Personne.

En ajoutant au poss. *hire* le démonst. *ori, orrec,*

Singulier.	Pluriel.
Toi-même,	Vous-mêmes.
Nom. *herori, herorréc.*	
Gén. *herorren, a, ac.*	N. *zeroc.*
Datif *herrori.*	G. *zeren, a, ac.*
Vous-même.	D. *zeroi.*
Nom. *zerori, zerorrec.*	
Gén. *zerorren, a, ac.*	
Datif *zerorri.*	

La 3me Personne.

En ajoutant au poss. *bere* les démonst. *au, onec* et *orri, orrec.*

Lui-même.	Eux-mêmes.
Nom. *berâu, beronéc.*	
Gén. *beronen, a, ac.*	N. *beroc.*
Datif *beroni.*	G. *beron, a, ac.*
Nom. *berori, berorréc.*	D. *beroi.*
Gén. *beroren, a, ac.*	
Datif *berorri.*	

Laramendi dit que ce pronom est composé de *bera*, le même, avec le pronom *au;* ce qui n'est pas impossible; ou plutôt c'est le même mot au fond, dans deux acceptions différentes. *Béra*, le même, se décline régulièrement; Gén. *beraren*, Dat. *berari*, N. plur., *berac* les mêmes, Gén. *beren*, Dat. *berai*. On emploie la forme *berori*, *berorrec*, au sing. et *beroc*, au plur. pour le vous français, *berori dator*, vous venez.

Nous ferons observer que tous ces pronoms sont déclinés sans l'article.

Les pronoms démonstratifs *au*, *onéc*, *ori*, *orrec*, *oiec*, *orriec*, sont toujours placés après le substantif qu'on ne décline pas. p. ex : *gizon au etorri da*, cet homme est venu.

On postpose régulièrement les différents suffixes au nominatif de tous ces pronoms, excepté *tzat* et *quin*, (voir les suffixes).

Pronoms interrogatifs.

Nom.	*nor*, *norc.*	*cein*, *ceiñec.*	qui, lequel.
Gén.	*noren*, *a*, *ac.*	*ceiñen*, *a*, *ac.*	
Datif	*nori.*	*ceiñi.*	
Nom.	*cer cerc.*	quel, que, quoi.	
Gén.	*ceren*, *á ac.*		
Datif	*ceri.*		

P. ex : *nor da?* qui est ce? *nor dira* qui sont ce? *cer da?* qu'est ce?

Ils sont aussi déclinés sans l'article.

On les place toujours devant le substantif p. ex : *cer gizon dator?* quel homme vient?

On postpose régulièrement au nominatif de ces pronoms, les différents suffixes, excepté *tzat* et *quin*; p. ex: *norgatic*, pour qui; *cergabe*, sans quoi; etc. *norequin*, avec qui; *norzaz* ou *norenzaz*, de qui; (voir les suffixes).

Pronoms indéfinis.

Iñor, *nihor*, personne; *norbait*, quelqu'un; *cerbait*, quelque chose; *cembait*, combien; *ecer*, rien; *edocein*, quelque, *bat*, *batá*, un; *batzuec*, quelques uns; *bestea*, l'autre; *bacoitzá*, chacun.

Ils se déclinent tous régulièrement, les uns avec, les autres sans l'article.

Nom.	*iñor*, *inorc*.	*edoceiñ*, *edoceiñec*.	*ecer*, *ecerc*.
Gén.	*iñoren*.	*edoceiñen*.	*eceren*.
Datif	*iñori*.	*edoceiñi*.	*eceri*.
Nom.	*norbait*, *norbaitec*.	*cerbait*. *cerbaitec*.	*cembait*.
Gén.	*norbaiten*.	*cerbaiten*.	*cembaiten*.
Datif	*norbaiti*.	*cerbaiti*.	*cembaiti*.

Pour *bat* et *batec* voir les noms de nombre; *bacoitza* et *besteá* se déclinent régulièrement avec l'article; *batzuec*, *batzuen*, *batzuei*.

On postpose les différents suffixes au nominatif de tous ces pronoms, excepté *tzat*, et *quin* (voir le suffixes).

CHAPITRE IV.

LES NOMS DE NOMBRE.

1 *bat*, 2 *bi*, 3 *hiru*, 4 *lau*, 5 *bost*, etc.

On les décline avec ou sans l'article selon les circonstances.

Bat, avec l'article.	*Bat*, sans l'article.
Nom. *báta*, *bátac*.	N. *bat*, *batec*.
Gén. *bataren*,	G. *baten*.
Datif *batari*.	D. *bati*.
Bi, avec l'article (pluriel).	*Bi*, sans l'article.
Nom. *biac*.	N. *bi*, *bic*.
Gén. *bien*,	G. *biren*.
Datif *biai*.	D. *biri*.

On postpose au nominatif les différents suffixes, excepté *tzat* et *quin;* (voir les suffixes).

Le nom de nombre indique déja le pluriel; le substantif qu'il accompagne reste au singulier sans l'article s'il est le sujet d'un verbe neutre, p. ex : *Etorri ciran gizon bi*, deux hommes vinrent.

Selon Lardizabal, 3, 4, 5 etc., se placent devant, 2 devant et derrière, 1, toujours après le substantif.

Si le nom est le sujet d'un verbe actif, il prend la terminaison *éc* ou *c* (voir la déclinaison sans l'article ou chapitre 1) p. ex : *amar gizonéc nacarte*, dix hommes me portent.

Quand le nom de nombre est défini et précédé en français de l'article *les*, alors le substantif en Basque prend aussi l'article, pluriel comme il va sans dire, p. ex: *icusten ditut bi gizonac*, j'ai vu les deux hommes; *bi gizonac eltu dira*, les deux hommes sont arrivés.

On n'ajoute la terminaison du cas qu'à un seul nom; ainsi si le nom de nombre est placé le premier c'est au substantif qu'on l'ajoute; si le substantif est le premier, c'est au nom de nombre, p. ex: *bi gizonéc ecarri zuten*, deux homms le portérent, ou *gizon bic ecarri zuten.*

Les noms de nombre avec l'article, servent à rendre ces locutions, „les quatre, les huit" etc. (en Espagnol et en Italien) pour répondre à la question: qu'elle heure est-il? ou, quel quantième avons nous? on répond alors *bederátziac*, les dix, etc.

Pour exprimer nous autres, vous autres etc., on ajoute *oc*, au nom de nombre; p. ex: *goazen bioc*, allons nous autres deux; *atozte hiruroc*, venez vous autres trois.

On ajoute même *oc* aux substantifs, p. ex: *gizonoc joango guera*, nous autres hommes nous irons.

CHAPITRE V.

LE PRONOM RELATIF.

Nom.	*ceña, ceñac,*	qui, lequel.
Gén.	*ceñaren.*	dont, duquel,
Datif	*ceñari.*	auquel.

Rarement on se sert du nomiatif *ceña*.

Le nominatif et l'accusatif sont rendus d'une autre manière; la langue Basque préfère transformer la phrase et, par l'addition d'un *n* à la terminaison auxiliaire, donner pour ainsi dire, une forme participiale au verbe. Le verbe se place alors devant le substantif auquel il se rapporte.

Ainsi au lieu de dire: l'enfant qui me voit, on dit: le me voyant enfant; et au lieu de: l'enfant que je vois, on dit: le moi voyant enfant. Il est impossible de donner en français un équivalent de ces constructions participiales.

P. ex: *icusten det* veut dire: je vois, *aurra* l'enfant; en changeant maintenant *det* en *dedan*, on aura la phrase, *icusten dedan aurrá*, l'enfant que je vois; *icusten nau* veut dire: il me voit; *icusten naun aurrá*, l'enfant voyant moi; l'enfant qui me voit.

Il faut observer les règles suivantes pour ajouter *n*; si l'auxiliaire finit en *t* on le change en *d* et ajoute *an*.
„ „ „ en une autre consonne on „ *an*, *en*.
„ „ „ voyelle „ „ *n*.

Si l'auxiliaire finit en *i* on ajoute *en* pour ne pas confondre la 3 pers. sing. du présent de l'Indicatif p. ex: *dacartzi*, il porte, (qui avec le *n* ferait *dacartzin*), avec la 2me pers fém. sing. du présent de l'Indicatif qui fait *dacartzin*.

Comme l'imparfait finit déjà en *n*, on change l'accent sans ajouter aucune lettre, p. ex: *icústen núen*, je voyais; *icústen nuén gizonác*, l'homme que je voyais.

Pour plus de clarté nous faisons suivre quelques exemples.

La boisson qu'ils lui donnent, *ematen dioten edaria.*

Les enfants que je vois, *icusten dedan aurrac.*

Le ciel que nous voyons, *icusten degun cerua.*

La beauté du ciel que nous voyons, *icusten degun ceruaren edertasuna.*

En ajoutant l'article à ces formes participiales on obtient les phrases qui en français s'expriment par, ce que ou celui qui, ceux qui, p. ex :

Ce que je mange,	*jaten dedana.*
Ce qu'il voit,	*icusten duena.*
Ce que nous donnons,	*ematen deguna.*
Ceux que nous donnons,	*ematen degunac.*

Ces formes se déclinent et l'on dit, p. ex.

C'est beau par ce que vous me le dites, *ederra da ori esaten didazunarentzat.*

Didazuna, ce que vous me dites, *didazunaren* est le génitif, parceque le suffixe *tzat* suit, *didazunarentzat.* Quand ces formes participiales dépendent d'un verbe actif, elles prennent la terminaison *ac*, p. ex :

Edaten duenac esandit, il me l'a dit ce qu'il boit.

Il nous semble, que dans les relations de la 3me personne à la 3me personne il y a confusion dans les cas, p. ex :

l'enfant qui le voit	tous les deux pareils	*icusten duen aurra.*
l'enfant qu'il voit		*icusten duen aurra.*

Par la raison que la terminaison auxiliaire a toujours

l'accusatif inhérent desorte que, comme dans le second exemple, *duen*, bien qu'il doive exprimer ici seulement le nominatif, indique nécessairement l'accusatif qui y est inhérent; tandis que l'enfant est ici l'accusatif.

Quand le pronom relatif suit le pronom personnel: moi qui, toi qui etc., on dit:

Moi qui le vois, *icusten dedan.*

Moi qui vous vois, „ *zaituzteden.*

Selon Laramendi, il est plus élégant d'y ajouter encore un pronom démonstratif, p. ex: *jaten dedan onéc*, moi qui mange:

Selon Lardizabal

onéc,	pour	la	1re	pers.	du	sing.
orrec,	„	„	2me	„	„	„
arc,	„	„	3me	„	„	„
oyec,	„	„	1re	„	„	plur.
oriec,	„	„	2me	„	„	„
ayec,	„	„	3me	„	„	„

Avec les verbes neutres on ajoute dans ce cas l'article, p. ex: moi qui viens, *etorten naizaná; etorten daná*, lui qui, ou celui qui, ce qui vient.

Sans cela on suit les mêmes règles que pour le verbe actif, p. ex. *emen dagoan aurra*, l'enfant qui est ici; *emen dagozan aurrac*, les enfants qui sont ici.

L'on observera seulement que, si l'auxiliaire finit en *o*, on ajoute *an*, rarement *en*, et pour les verbes neutres irréguliers *en* après les consonnes, et *n* après les voyelles, p. ex : *orrelá dabiltzan gizonac*, les hommes qui vont ainsi.

Avec le verbe passif la forme participiale est comme avec le verbe neutre, p. ex : *gaitz egiten dana*, celui qui se fait mal.

Nous avons déjà dit qu'on emploie rarement le nominatif *ceñá, ceñac*.

Laramendi dit que l'on peut cependant s'en servir, p. ex. *sagarra, ceñac min egin didan, gaziegi zan*, la pomme qui m'a fait mal, était trop aigre. Le relatif ne rend donc pas superflue la terminaison participiale *n*.

Pour le génitif et le datif on se sert de *ceñaren, ceñari*, p. ex : *Eché au, ceñaren zu bide zerá jabe*, cette maison dont il parait que tu es le maitre. *Eliz au ceñari eman zioten guré gura soac aimbeste urré*, ce temple auquel nos aïeux donnèrent tant d'or.

Cette forme participiale est d'un usage très fréquent et très varié. On l'emploie encore pour exprimer :

1°. quand, lorsque, *n—orduan*, (*ordu*, moment, *an*, suf. dans le) *n ean;* (liés ensemble).

p. ex : *jaten dedan orduan*, ou *dedanean*, quand je le mange ; *eman dedanean*, quand j'ai donné ; *joan danean*, lorsqu'il il est parti. On peut aussi se servir du suffixe *la*, p. ex : *jaten dedala, datorquit*, lorsque je mangeais il est venu.

2°. pendant que / tandis que } *n—artean*. (*arte*, espace, *an* suf.).

p. ex: *emen nagoan artean*, pendant que je suis ici.

3°. de ce que, *ceren—n*, *cergatic—n*.

p. ex: *pozic nago*, *ceren ecarri didazun berri on bat*, je suis content, de ce que vous m'avez apporté une bonne nouvelle; *damucor nabil*, *ceren agureta naizan*, je vais (suis) fâché, de ce que j'ai (d'avoir) vieilli.

4°. la proposition incidente après les verbes de doute et de prière, p. ex: *badaquizu*, *gaitz egin diodan?* sais-tu, si je lui ai fait mal? On peut encore introduire *ea*, qui correspond à la conjonction *si*, p. ex: *Jaquin naiden*, *ea icusi zenduén*, il veut savoir, si tu l'as vu; (l'accent ici indique le relatif).

Ou encore placer *oté* devant la terminaison auxiliaire, p. ex: *ezdaquigu joan otédan*, nous ne savons pas, s'il est allé.

La phrase „s'il est allé ou non", est: *joan otédan edo ez;* mais on la contracte souvent et de *edo ez*, il ne reste plus que le *z*, ainsi *joan otédanz*.

CHAPITRE VI.

LES SUFFIXES.

Les suffixes remplacent les prépositions des autres langues.

On les place après le substantif, pronom ou adverbe qu'ils qualifient.

Les uns s'unissent au génitif, les autres au nominatif.

1°. Au génitif et separés du nom qu'ils qualifient :

Aurréan, devant, *gizonaren aurrean*, devant l'homme.
Atzeán, derrière, *arriaren atzeán*, derrière la pierre.
Contra, contre, *etsaien contra*, contre les ennemis.
Ondoán, à coté, *mutillen ondoán*, à côté des enfants.
Aldeán, près, *elisaren aldeán*, près de l'église.
Gañean, sur, *mendiaren gañean*, sur la montagne.
Azpián, sous, *itzalaren azpian*, sous (à) l'ombre.
Araberá, suivant selon, *jaincoaren araberá*, selon Dieu.
Barrenén, dans, *echea*ren *barrenén*, dans la maison.

S'il faut les postposer aux pronoms personnels on emploie l'ancienne forme du génitif (voir les pron. pers.) p. ex : *nere aurrean*, devant moi, *gure aldeán*, près de nous, etc.

2°. Au nominatif et inséparables du nom.

Le nom peut se trouver avec ou sans l'article et dans se dernier cas, s'il finit par une consonne il faut intercaler un *e*, p. ex: *buru*, tête, fait *buruz*, *buruaz*; *gizon*, homme, fait *gizonez*, *gizonaz*, *gizonen*. *Burgosen*, *Hernanironz*, *Burgoseronz*.

Ces suffixes pourraient se diviser en deux classes.

1°. Ceux dont la forme est invariable.

2°. Ceux qui ont deux formes, une pour le sing. une pour le plur., comme *n*, *etan*; *ra*, *etara*; *tic*, *etatic*; *co*, *etaco*; *ronz*, *etaronz*.

Suivent ceux dont la forme est invariable;

Gatic, pour, à cause de. *Zugatic*, pour toi; *cergatic*, pour quoi; *gizonagatic*, pour l'homme; *gizonacgatic*, pour les hommes. Comme l'on voit, le pluriel est indiqué par le nom même (*gizonac*,) le suffixe est invariable.

Gabe, sans. *Ogigabe*, sans pain, *ogiagabe*, sans le pain; *gizonacgabe*, sans les hommes; *nigabe*, sans moi; *norgabe*, sans qui.

Gan, dans, en. *Jaincoagan*, en Dieu; *nigan*, en moi; *echegan*, dans (la) maison; *gizonacgan*, en les hommes.

Gana, à, chez. *Norgana zoaz?* chez qui vas-tu? *aitagana*, chez le père; *Martingana*, chez Martin; *gizonacgana*, chez les hommes.

Gandic, } *gan-dic*, chez de, c'est à dire: de chez. *Nor-*
Ganic,* } *ganic* ou *norgandic zatos?* de chez qui viens

	tu? *aitagandic*, de chez le père. (On peut le postposer au génitif: *aitarengadic*); *nigandic*, de moi; *higandic*, de toi.
Quin,	avec. *Gizonarequin*, avec l'homme; *gizonacquin*, avec les hommes; *nerequin*, avec moi.
Tzat,	pour. *Gizonarentzat*, pour l'homme; *gizonentzat*, pour les hommes.
Ca,	à. *Zaldica*, à cheval; *zoinca*, à pied.

On voit que *quin* et *tzat* font une exception. *Quin* s'unit au génitif singulier avec l'élision de la lettre *n*; *gizonarequin* pour *gizonarenquin*, *batequin*, avec un; *bàtarequin*, avec l'un; *birequin*, avec deux; *nerequin*, avec moi. Si le nom est au pluriel, *quin* suit la règle et s'unit au nominatif. *Tzat* se joint au génitif sing. et plur. *Gizonéntzat*, pour les hommes; *gizonarentzat*, pour l'homme; *ceinentzat*, pour qui; *batarentzat*, pour l'un; *batentzat*, pour un.

Quand ces deux suffixes se trouvent avec les pronoms personnels, on emploie l'ancienne forme du génitif et le *n* est élidé; p. ex: *nerequin*, avec moi; *neretzat*, pour moi; *gurequin*, avec nous, etc.

Laramendi donne les formes *neretzat*, *guretzat*, *hiretzat*, *zuretzat* et *zuentzat*. Les 4 premières font donc exception à la règle en rejettant le *n*. Avec les autres pronoms l'élision de la lettre *n* n'a pas lieu; *onnentzat*, pour celui-ci; *orrentzat*, pour celui-la, etc.

Suivent ceux de la seconde espèce.

n, Singulier. *etan*, Pluriel.

Dans, à, en. (*Locatif.*) *Echean*, dans la maison; *atarian dago*, il est à la porte; *bondarrean*, dans le sable; *Bilbaon*, à Bilbao; *Burgosen*, à Burgos; *jatean*, à manger; *echeetan*, dans les maisons.

ra, Singulier. *etara*, Pluriel.

Vers, à (mouvement), *Burgosera*, vers, à Burgos; *echera noa*, je vais à la maison; *nora*, pour *non ra*, vers où; *ara*, vers là; avec les verbes, *jatera noa*, je vais manger.

ronz, Singulier. *etaronz*, Pluriel.

Vers. *Echeronz*, vers la maison; *Burgoseronz*, vers Burgos; *noronz*, vers où; *beronz*, vers en bas; *echeetaronz*, vers les maisons.

co, *go*, Singulier. *etaco*, Pluriel.

De (repos). Le premier après une consonne, le second après une voyelle. *Nongo*, d'où. *Nongo gizona da ori?* d'où est cet homme? *Burgosecoa* ou *Burgoscoa*, de Burgos; *emengoa*, d'ici; *echeetacoa*, des maisons.

di, *dic*, *tic*, Singulier. *etatic*, *etaric*, Pluriel.

De (mouvement), *dic*, après un consonne, *tic*, après une voyelle. *Nator echetic*, je viens de la maison; *echeetaric*, des maisons; *Burgosetic*, de Burgos; *nondi*, d'où; *emendi*, d'ici.

z, Singulier. *zaz*, Pluriel.

De, par, (ablatif). *Ogiz asea*, rassasié de pain; *cillarrez betea*, rempli d'argent; *Jaincoaz oroitzen ezta*, il ne se souvient pas de Dieu; *gizonez*, par (l')homme; *zaz* est pour le pluriel et se joint alors au génitif, *gizonen-*

zaz, par les hommes. Exception: *zaz* est postposé au nominatif des pronoms personnels, *nizaz* de, par moi; *guzaz*, par nous; *hizaz*, de toi. Les autres pronoms sont réguliers: *zuenzaz*, de vous; *aienzaz* d'eux, *orrenzaz*, de celui-là; *gurrenzaz*, de nous même, etc.

Observations sur les suffixes.

Les suffixes qui régissent le génitif et qui sont separés du nom auquel ils se rapportent, sont eux mêmes des noms avec le suffixe *n* postposé. De même que *echeán* veut dire, dans la maison, *aldeán* veut dire, dans la proximité, et de là le génitif qui suit. Ainsi:

aurrean, vient de *aurre* qui signifie (le) devant;
atzean, „ „ *atze* „ „ (le) derrière, (*atzecoaldea;*)
aldean, „ „ *alde*, „ „ proximité, région: *alde egin*, faire place;
gañean, „ „ *gan*, „ „ cime, sommet;
azpian, „ „ *azpi*, „ „ (le) bas;
et ainsi de suite.

CHAPITRE VII.

LE VERBE.

Les verbes sont réguliers ou irréguliers.

Tous les verbes réguliers sont composés.

Tous les verbes irréguliers sont simples.

Les verbes réguliers (composés), se conjuguent à l'aide de terminaisons auxiliaires, postposées à un des participes du verbe que l'on veut conjuguer.

Les verbes irréguliers (simples) se conjuguent comme les verbes des autres langues.

Le verbe actif régulier (composé).

Les terminaisons dont on se sert pour conjuguer le verbe actif régulier sont de deux espèces.

1°. Celles que l'on nomme absolues et ou l'accusatif singulier ou pluriel de la 3me personne est inhérent p. ex : *jaten det*, je le mange, *jaten* participe, *det* terminaison ; *jaten ditut*, je les mange, *jaten* participe, *ditut* terminaison.

2°. Celles que l'on nomme relatives et qui expriment un régime direct (accusatif) et un régime indirect (datif), toujours inhérents en la terminaison même.

p. ex : *jaten didac*, tu me le manges ; *ematen diot*, je le lui donne.

Tableau des terminaisons auxiliaires absolues.

Les terminaisons ne sont autre chose, au fond, que les temps du verbe auxiliaire : avoir. Quelques unes, employées seules, ont une signification par elles mêmes ; mais la plupart doivent être unies à un participe ; il sera donc mieux de leur conserver la dénomination de : terminaisons. Pour ne pas les répéter nous donnerons ici de suite la conjugaison du verbe *Izate*, qui, étant conjugué avec ces terminaisons absolues, correspond au verbe : avoir.

Le verbe basque a 4 désinences différentes pour chaque personne : elles indiquent la 1re, le genre commun, le 2me, le masculin, la 3me, le féminin, la 4me, une forme respectueuse. Pour plus de concision nous ne donnons que la forme respectueuse.

INDICATIF.

Avec l'acc. Sing. inhérent.	Présent.	Avec l'acc. Plur. inhérent.
det, (je l'ai).		*ditut*, (je les ai).
dezu,		*dituzu*,
du,		*ditu*,
degu,		*ditugu*,
dezute,		*dituzute*,
dute.		*dituzte*.

Imparfait.

Acc. Singulier.	*Acc.* Pluriel.
nuen, (je l'avais).	*nituen*, (je les avais).
zenduen,	*zinituen*,
zuen,	*zituen*,
genduen,	*ginituen*,
zenduten,	*zinituzten*,
zuten.	*zituzten*.

Parfait indéfini.

Izan det, (Je l'ai eu).	*Izan ditut*, (Je les ai eus).
„ *dezu*, etc.	„ *dituzu*, etc.

Plusque parfait.

Izan nuen, (Je l'avais eu).	*Izan nituen*, (Je les avais eus).
„ *zenduen*, etc.	„ *zinituen*, etc.

Futur.

Izango det, (Je l'aurai).	*Izango ditut*, (Je les aurai).
„ *dezu*, etc.	„ *dituzu*, etc.

Futur antérieur.

Izan izango det, (Je l'aurai eu).	*Izan izango ditut*, (Je les etc.
„ „ *dezu*, etc.	„ „ *dituzu*, aurai eus).

CONDITIONNEL.

Présent.

Izango nuque, (Je l'aurais),	*Izango nituque*, (Je les
„ *zenduque*,	„ *zinituque*, aurais),
„ *luque*,	„ *lituque*,
„ *genduque*,	„ *ginituque*,
„ *zenduquete*,	„ *zinituquete*,
„ *luquete*.	„ *lituquete*.

Passé.

Acc. Singulier.	Acc. Pluriel.
Izango nuquean, (Je l'aurais eu).	*Izango nituquean*, (Je les aurais eus).
„ *zenduque*, etc.	„ *zinituque*, etc.

IMPÉRATIF.

Ezazu, (Aie-le),	*Itzazu*, (Aie-les),
Beza,	*Bitza*,
Dezagun,	*Ditzagun*,
Ezazute,	*Itzazute*,
Bezate.	*Bitzate*.

SUBJONCTIF.

Présent.

Izan dézadan, (que je l'aie).	*Izan ditzadan*, (que je les aie).
„ *dezazun*,	„ *ditzazun*,
„ *dezan*,	„ *ditzan*,
„ *dezagun*,	„ *ditzagun*,
„ *dezazuten*,	„ *ditzazuten*,
„ *dezaten*.	„ *ditzaten*.

Imparfait.

Izan nezan, (que je l'eusse).	*Izan nitzan*, (que je les eusse).
„ *zenezan*,	„ *zinitzan*,
„ *zezan*,	„ *zitzan*,
„ *genezan*,	„ *ginitzan*,
„ *zenezaten*,	„ *zinitzaten*,
„ *zezaten*.	„ *zitzaten*.

Passé.

Izan dedala, (que je l'aie eu).	*Izan ditudala*, (que je les aie eus).

N.B. Cette forme est la même que le Parfait indéfini de l'Indicatif, avec la terminaison *la* (voir les conjonctions).

Plusque parfait.

Izan nezan, (que je l'eusse eu). etc.	*Izan nitzan*, (que je les eusse eus). etc.

POTENTIEL.

Présent.

Izan dezaquet,	(Je puis	*Izan ditzaquet*,	(Je puis les
„ *dezaquezu*,	l'avoir).	„ *ditzaquezu*,	avoir).
„ *dezaque*,		„ *ditzaque*,	
„ *dezaquegu*,		„ *ditzaquegu*,	
„ *dezaquezute*,		„ *ditzaquezute*,	
„ *dezaquete*.		„ *ditzaquete*.	

Passé.

Izan nezaquean,	(Je pouvais	*Izan nitzaquean*,	(Je pouvais
„ *zenezaquean*,	l'avoir).	„ *zanitzaquean*,	les avoir).
„ *zezaquean*,		„ *zitzaquean*,	
„ *genezaquean*,		„ *ginitzaquean*,	
„ *zenezatequean*,		„ *zinitzatequean*,	
„ *zezatequean*.		„ *zitzatequean*.	

CONDITIONNEL.

Izan nezaque,	(Je pourrais	*Izan nitzaque*,	(Je pourrais
„ *zenezaque*,	l'avoir).	„ *zinitzaque*,	les avoir).
„ *lezaque*,		„ *litzaque*,	
„ *genezaque*,		„ *ginitzaque*,	
„ *zenezateque*,		„ *zinitzateque*,	
„ *lezaquete*.		„ *litzaquete*.	

Par une étrange anomalie, le verbe *izate*, (d'où les formes *izan*, *izaten*, *izango*) a, dans le dialecte du *Guipuzcoa*, la double signification d'*avoir* et d'*être*. Conjugué, comme ici, avec les terminaisons absolues, il signifie *avoir*.

Sa signification propre est : *être*.

Le dialecte souletin a conservé la forme *ukhen*, avoir, posséder, et c'est celle-ci et jamais *izate*, que l'on conjugue avec les terminaisons absolues.

A l'aide donc de ces terminaisons on conjugue *tous* les verbes réguliers.

Formation des temps.

Pour conjuguer un verbe, il faut d'abord en connaître les participes présent, passé et futur.

Le participe passé est donné dans le Dictionnaire de Laramendi pour le présent de l'Infinitif; mais c'est une erreur. Le participe passé est donc connu.

On en forme le participe présent, en ajoutant *ten* s'il finit en consonne et la consonne est retranchée p. ex : *jan* fait *jaten*. S'il finit en voyelle on ajoute *tzen* ou *ten* p. ex : *aditu*, *aditutzen*; *artu*, *artzen*.

Le participe futur en ajoutant *go*, *en*, si le participe passé finit par une consonne p. ex : *jan* fait *jango* ou *janen*. S'il finit par une voyelle on ajoute *co*, *ren*; *artu*, fait *artuco*, *necatu*, *necaturen*.

Nous prenons pour modèle le verbe *jate* manger.

Participe passé.	Participe présent.	Participe futur.
jan.	*jaten*.	*jango*.

Il est inutile de donner la conjugaison du verbe actif régulier (composé) en entier; il suit en tout le verbe précédant *izate*. Seulement le présent et l'imparfait de l'indicatif sont formés du participe présent auquel est postposé le présent et l'imparfait de l'auxiliaire; ainsi *jaten det*, je mange; *jaten nuen* etc., je mangeais.

Sans cela la conjugaison est la même; le parfait indéfini de *Izate*, fait *izan det*, et de *jate : jan det*; le futur: *izango det*, et de *jate*: *jango det*; le conditionnel Présent: *jango nuque;* le Passé: *jango nuquean.*

Au lieu de: *jan izan nezan* (Plusque parf. du Subjonctif) il est mieux de dire, *jan nuqueala*, etc.

On a vu que tous les temps de l'auxiliaire ont inhérent un accusatif de la 3me personne du singulier ou du pluriel. Quand cet accusatif est de la 1re ou de la 2me personne on se sert des terminaisons suivantes, qui n'ont pas de signification, étant employées seules, p. ex: *icusten nazu*, tu me vois.

Accusatif de la 1re personne.

Singulier.	Pluriel.
(tu me).	*(tu nous).*

INDICATIF.

Présent.

nazu,	*gaituzu,*
nau,	*gaitu,*

nazute,	*gaituzute,*
naute.	*gaituzte.*

Imparfait.

ninduzun,	*ginduzun,*
ninduen,	*ginduen,*
ninduzuten,	*ginduzuten,*
ninduten.	*ginduzten.*

CONDITIONNEL.

ninduzuque,	*ginduzuque,*
ninduque,	*ginduque,*
ninduzuquete,	*ginduzuquete,*
ninduquete.	*ginduquete.*

IMPÉRATIF.

nazazu,	*gaitzazu,*
naza,	*gaitza,*
nazazute,	*gaitzazute,*
nazate.	*gaitzate.*

SUBJONCTIF.

Présent.

nazazun,	*gaitzazun,*
nazan,	*gaitzan,*
nazazuten,	*gaitzazuten,*
nazaten.	*gaitzaten.*

Passé.

ninzazun,	*ginzazun,*
ninzan,	*ginzan,*
ninzazuten,	*ginzazuten,*
ninzaten.	*ginzaten.*

POTENTIEL.

Présent.

nazaquezu,	*gaitzaquezu,*
nazaque,	*gaitzaque,*
nazaquezute,	*gaitzaquezute,*
nazaquete.	*gaitzaquete.*

Passé.

ninzaquezuan,	*ginzaquezuan,*
ninzaquean,	*ginzaquean,*
ninzaquezutean,	*ginzaquezutean,*
ninzaquetean.	*ginzaquetean.*

CONDITIONNEL.

ninzaquezu,	*ginzaquezu,*
ninzaque,	*ginzaque,*
ninzaquezute,	*ginzaquezute,*
ninzaquete.	*ginzaquete.*

Accusatif de la 2me personne.

Singulier (*hi*). (je te).	Singulier (*zu*). (je te).

INDICATIF.

Présent.

at,	*zaitut,*
au,	*zaitu,*
agu,	*zaitugu,*
ate.	*zaituzte.*

Imparfait.

indudan,	*zindudan,*

induan,	*zinduan,*
indugun,	*zindugun,*
induten.	*zinduten.*

CONDITIONNEL.

induquet,	*zinduquet,*
induque,	*zinduque,*
induquegu,	*zinduquegu,*
induquete.	*zinduquete.*

IMPÉRATIF.

Parait ne pas exister.	*bizaitza,*
	bizaitzate.

SUBJONCTIF.

Présent.

azadan,	*zaitzadan,*
azan,	*zaitzan,*
azagun,	*zaitzagun,*
azaten.	*zaitzaten.*

Passé.

inzadan,	*zinzadan,*
inzan,	*zinzan,*
inzagun,	*zinzagun,*
inzaten.	*zinzaten.*

POTENTIEL.

Présent.

azaquet,	*zaitzaquet,*
azaque,	*zaitzaque,*
azaqueguque,	*zaitzaquegu,*
azaquete.	*zaitzaquete*

Passé.

inzaquedan,	*zinzaquedan,*
inzaquean,	*zinzaquean,*
zinzaqueguan,	*zinzaqueguan,*
inzaquetean.	*zinzaquetean.*

CONDITIONNEL.

inzaquet,	*zinzaquet,*
inzaque,	*zinzaque,*
inzaqueguque,	*zinzaqueguque,*
inzaquete.	*zinzaquete.*

Accusatif de la 2me personne

du Pluriel (*zuec*). je vous).

INDICATIF.

Présent.	Imparfait.
zaituztet,	*zinduztedan,*
zaituzte,	*zinduzten,*
zaituztegu,	*zinduztegun,*
zaituztee	*zinduzten.*

CONDITIONNEL.	IMPÉRATIF.
zinduquetet,	*bizaitzate,*
zinduquete,	*bizaitzatee.*
zinduquetegu,	
zinduquetee.	

SUBJONCTIF.

Présent.	Imparfait
zaitzatedan,	*zinzatedan,*
zaitzaten,	*zinzaten,*

zaitzategun,	*zinzategun,*
zaitzateen.	*zinzateen.*

POTENTIEL.

Présent..	Passé.
zaitzaquetet,	*zinzaizquetedan,*
zaitzaquete,	*zinzaizqueteau,*
zaitzaquetegu,	*zinzaizqueguan,*
zaitzaquetee.	*zinzaizqueteean.*

CONDITIONNEL.

zinzaizquetet,
zinzaizquete,
zinzaizqueguque,
zinzaizquetee.

Tableau des terminaisons relatives du verbe actif.

Nous l'avons déja dit, ces terminaisons expriment un régime direct, (accusatif) qui est toujours la 3me personne du singulier ou de pluriel, et un régime indirect (datif) qui est une des trois personnes du pronom personnel, et à laquelle l'action du verbe se rapporte p. ex: je le lui mange, *jaten diot;* tu me le donnes, *ematen didazu.*

1re personne au datif singulier.

Accusatif Singulier.	Accusatif Pluriel.
(tu me le).	(tu me les).

INDICATIF.

Présent.

didazu,	*dizquidazu,*
dit,	*dizquit,*
didazute,	*dizquidazute,*
didate.	*dizquidate.*

Imparfait.

zinidan,	*zinizquidan,*
zidan,	*zizquidan,*
zinidaten,	*zinizquidaten,*
zidaten.	*zizquidaten.*

CONDITIONNEL.

zinidaquet,	*zinizquidaquet,*
lidaque,	*lizquidaque,*
zinidaquete,	*zinizquidaquete,*
lidaquete.	*lizquidaquete.*

IMPÉRATIF.

zadazu,	*zazquidazu,*
bizat,	*bizazquit,*
zadazute,	*zazquidazute,*
bizatet.	*bizazquitet.*

SUBJONCTIF.

Présent.

dizadazun,	*dizazquidazun,*
dizadan,	*dizazquidan,*
dizadazuten.	*dizazquidazuten,*
dizadaten.	*dizazquidaten.*

Imparfait.

zinizadan,	*zinizazquidan,*
zizadan,	*zizazquidan,*
zinizadaten,	*zinizazquidaten,*
zizadaten.	*zizazquidaten.*

POTENTIEL.

Présent.

dizadaquezu,	*dizazquidaquezu,*
dizadaque,	*dizazquidaque,*
dizadaquezute,	*dizazquidaquezute,*
dizadaquete.	*dizazquidaquete.*

Passé.

zinizadaquean,	*zinizazquidaquean,*
zizadaquean,	*zizazquidaquean,*
zinizadaquetean,	*zinizazquidaquetean,*
zizadaquetean.	*zizazquidaquetean.*

CONDITIONNEL.

zinizadaque,	*zinizazquidaque,*
lizadaque,	*lizazquidaque,*
zinizadaquete,	*zinizazquidaquete,*
lizadaquete.	*lizazquidaquete.*

1re personne au datif pluriel.

INDICATIF.

Accus. Singulier.		Accus. Pluriel.
(Tu nous le).	Présent.	(Tu nous les).
diguzu,		*dizquiguzu,*
digu.		*dizquigu.*

diguzute,	*dizquiguzute,*
digute,	*dizquigute.*

Imparfait.

zinigun,	*zinizquigun.*
zigun,	*zizquigun,*
ziniguten,	*zinizquiguten,*
ziguten.	*zizquiguten.*

CONDITIONNEL.

ziniguque,	*zinizquiguque,*
liguque,	*lizquiguque,*
ziniguquete,	*zinizquiguquete,*
liguquete.	*lizquiguquete.*

IMPÉRATIF.

zaguzu,	*zazquiguzu,*
begigu.	*begizquigu,*
zaguzute.	*zazquiguzute.*
begigute.	*begizquigute.*

SUBJONCTIF.

Présent.

dizaguzun,	*dizazquiguzun,*
dizagun,	*dizazquigun,*
dizaguzuten.	*dizazquiguzuten,*
dizaguten.	*dizazquiguten.*

Imparfait.

zinizagun,	*zinizazquigun,*
zizagun,	*zizazquigun,*

zinizaguten,	*zinizazquiguten,*
zizaguten.	*zizazquiguten.*

POTENTIEL.

Présent.

dizaguquezu,	*dizazquiguquezu,*
dizaguque,	*dizazquiguque,*
dizaguquezute,	*dizazquiguquezute,*
dizaguquete.	*dizazquiguquete.*

Passé.

zinizaguquean,	*zinizazquiguquean,*
zizaguquean,	*zizazquiguquean,*
zinizaguqueteau,	*zinizazquiguqueteau,*
zizaguquetean.	*zizazquiguqetean.*

CONDITIONNEL.

zinizaguque,	*zinizazquiguque,*
lizaguque,	*lizazquiguque,*
zinizaguquete,	*zinizazquiguquete,*
lizaguquetè.	*lizazquiguquete.*

2me personne au datif singulier.

Accus. Singulier. (je te le).	Accus. Pluriel. (je te les).

INDICATIF.

Présent.

dizut,	*dizquizut,*
dizu,	*dizquizu,*
dizugu,	*dizquizugu,*
dizute.	*dizquizute.*

Imparfait.

nizun,	*nizquizun,*
zizun,	*zizquizun,*
ginizun,	*ginizquizun,*
zizuten.	*zinizquizuten.*

CONDITIONNEL.

nizuque,	*nizquizuque,*
lizuque,	*lizquizuque,*
ginizuque,	*ginizquizuque,*
lizuquete,	*lizquizuquete.*

IMPÉRATIF.

bizazu,	*bizazquizu.*
bizazute.	*bizazquizute.*

SUBJONCTIF.

Présent.

dizazudan,	*dizazquizudan,*
dizazun,	*dizazquizun,*
dizazugun,	*dizazquizugun,*
dizazuten.	*dizazquizuten.*

Passé.

nizazun,	*nizazquizun,*
zizazun,	*zizazquizun,*
ginizazun,	*ginizazquizun,*
zizazuten.	*zizazquizuten.*

POTENTIEL.

Présent.

dizazuquet,	*dizazquizuquet,*
dizazuque,	*dizazquizuque,*

dizazuquegu,	*dizazquizuquegu.*
dizazuquete.	*dizazquizuquete.*

Passé.

nizazuquean,	*nizazquizuquean,*
zizazuquean,	*zizazquizuquean,*
ginizazuquean,	*ginizazquizuquean,*
zizazuquetean.	*zizazquizuquetean.*

CONDITIONNEL.

nizazuque,	*nizazquizuque,*
lizazuque,	*lizazquizuque,*
ginizazuque,	*ginizazquizuque,*
lizazuquete.	*lizazquizuquete.*

2me personne au datif pluriel.

INDICATIF.

Accus. Singul. (je vous le).	Présent.	Accus. Pluriel. (je vous les).
dizutet,		*dizquizutet,*
dizute,		*dizquizute,*
dezutegu,		*dizquizutegu,*
dizutee.		*dizquizutee.*

Imparfait.

nizuten,	*nizquizuten,*
zizuten,	*zizquizuten,*
ginizuten,	*ginizquizuten,*
zizuteen.	*zizquizuteen.*

CONDITIONNEL.

nizuteque,	*nizquizuteque,*

lizuteque,	*lizquizuteque,*
ginizuteque,	*ginizquizuteque.*
lizutequee.	*lizquizuteque.*

IMPÉRATIF.

bizazute,	*bizazquizute*
bizazu'ee.	*bizazquizutee.*

SUBJONCTIF.

Présent.

dizazutedan,	*dizazquizutedan,*
dizazuten,	*dizazquizuten,*
dizazutegun,	*dizazquizutegun.*
dizazuteen.	*dizazquizuteen.*

Imparfait.

nizazuten,	*nizazquizuten,*
zizazuten,	*zizauquizuten,*
ginizazuten,	*ginizazquizuten,*
zizazuteen.	*zizazquizuten.*

POTENTIEL

Présent.

dizazutequet,	*dizazquizutequet,*
eizazuteque,	*aizazquizuteque,*
dizazutequegu,	*dizazquezutequegu,*
dizazutequee.	*dizazquizutequee.*

Passé.

nizazutequean,	*nizazquizutequean,*
zizazutequean,	*zizazquizutequean,*
ginizazutequean,	*ginizazquizutequean,*
zizazutequeean.	*zizazquizutequeean.*

CONDITIONNEL.

nizazuteque,	*nizazquizuteque,*
lizazuteque,	*lizazquizuteque,*
ginizazuteque,	*ginizazquizuteque,*
lizazutequee.	*lizazquizuteque.*

3me personne au datif singulier.

INDICATIF.

Accus. Singulier. (je le lui).	Présent.	Accus. Pluriel. (je les lui).
diot,		*dizquiot,*
diozu,		*dizquiozu,*
dio,		*dizquio,*
diogu,		*dizquiogu,*
diozute,		*dizquiozute,*
diote.		*dizquiote.*
	Imparfait.	
nion,		*nizquion,*
zinion,		*zinizquion,*
zion,		*zizquion,*
ginion,		*ginizquion,*
zinioten,		*zinizquioten,*
zioten.		*zizquioten.*
	CONDITIONNEL.	
nioque,		*nizquioque,*
zinioque,		*zinizquioque,*
lioque,		*lizquioque,*
ginioque,		*ginizquioque,*

zinioquete,	*zinizquioquete,*
lioquete.	*lizquioquete.*

IMPÉRATIF.

zaiozu,	*zazquiozu,*
bizaio,	*bizazquio,*
zaiozute,	*zazquiozute,*
bizaiote,	*bizazquiote.*

SUBJONCTIF.

Présent.

dizaiodan,	*dizazquiodan,*
dizaiozun,	*dizazquiozun,*
dizaion,	*dizazquion,*
dizaiogun,	*dizazquiogun*
dizaiozuten.	*dizazquiozuten,*
dizaioten.	*dizazquioten,*

Imparfait.

nizaion,	*nizazquion,*
zinizaion,	*zinizazquion,*
zizaion,	*zizazquion,*
ginizaion,	*ginizazquion,*
zinizaioten,	*zinizazquioten,*
zizaioten.	*zizazquioten.*

POTENTIEL.

Présent.

dizaioquet,	*dizazquioquet,*
dizaioquezu,	*dizazquioquezu,*
dizaioque,	*dizazquioque,*
dizaioquegu,	*dizazquioquegu,*

dizaioquezute,	*dizazquioquezute,*
dizaioquete.	*dizazquioquete.*

Passé.

nizaioquean,	*nizazquioquean,*
zinizaioquean,	*zinizazquioquean,*
zizaioquean,	*zizazquioquean.*
ginizaioquean,	*ginizazquioquean,*
zinizaioquetean,	*zinizazquioquetean,*
zizaioquetean,	*zizazquioquetean.*

CONDITIONNEL.

nizaioque,	*nizazquioque,*
zinizaioque,	*zinizazquioque,*
lizaioque,	*lizazquioque,*
ginizaioque,	*ginizazquioque,*
zinizaioquete,	*zinizazquioquete,*
lizaioquete.	*lizazquioquete.*

3me personne au datif pluriel.

Accus. Singulier. (je le leur).	Accus. Pluriel. (je les leur).

INDICATIF.

Présent.

diet,	*diozcatet,*
diezu,	*diozcatezu,*
die,	*diozcate,*
diegu,	*diozcagute,*
diezute,	*diozcatezute,*
diete.	*diozcatee.*

Imparfait.

nien,	*niozcaten,*
zinien,	*ziniozcaten,*
zien,	*ziozcaten,*
ginien,	*giniozcaten,*
zinieten,	*ziniozcateen,*
zieten.	*ziozcateen.*

CONDITIONNEL.

nieque,	*niozcateque,*
zinieque,	*ziniozcateque,*
lieque,	*liozcateque,*
ginieque,	*giniozcateque,*
ziniequete,	*ziniozcatequee,*
lizquete,	*liozcatequee.*

IMPÉRATIF.

zaiezu,	*zaiozcazu,*
bizaie,	*bizaiozcate.*
zaiezute,	*zaiozcazute,*
bizaiete,	*bizaiozcatee.*

SUBJONCTIF.

dizaiedan,	*dizaiozcatedan,*
dizaiezun,	*dizaiozcatezun,*
dizaien,	*dizaiozcaten,*
dizaiegun,	*dizaiozcategun,*
dizaizuten,	*dizaiozcatezuten,*
dizaieten.	*dizaiozcaten.*

Imparfait.

nizaien,	*nizaiozcaten,*

zinizaien,	*zinizaiozcaten,*
zizaien,	*zizaiozcaten,*
ginizaien,	*ginizaiozcaten,*
zinizaieten,	*zinizaiozcateen,*
zizaieten.	*zizaiozcateen.*

POTENTIEL.

Présent.

dizaiequet,	*dizaiozcatequet,*
dizaiequezu,	*dizaiozcatequezu,*
dizaiequete,	*dizaiozcateque,*
dizaiequegu,	*dizaiozcatequegu,*
dizaiequezute,	*dizaiozcatequezute,*
dizaiequete.	*dizaiozcatequete.*

Passé.

nizaiequean,	*nizaiozcatequean,*
zinizaiequean,	*zinizaiozcatequean,*
zizaiequean,	*zizaiozcatequean,*
ginizaiequean,	*ginizaiozcatequean,*
zinizaiequetean,	*zinizaiozcatequeean,*
zizaiequetean.	*zizaiozcatequeean.*

CONDITIONNEL.

Comme le passé moins la terminaison *an*, et les 3mes pers. *li*, au lieu de *zi*.

Le verbe auxiliaire *Izate*, être.

INDICATIF.

Présent.	Imparfait.
Izaten naiz. (Je suis).	*Izaten ninzan.* (J'étais).
„ *zera,*	„ *zinan,*
„ *da,*	„ *zan,*
„ *gera,*	„ *ginan,*
„ *zerate,*	„ *zinaten,*
„ *dira.*	„ *ziran.*

Parfait défini.	Parfait indéfini.
Izan ninzan. (Je fus).	*Izan naiz.* (J'ai été).
„ *zinan,* etc.	„ *zera,* etc.

Plusque Parfait.

Izan ninzan. (Javais été).

„ *zinan,* etc.

Futur.	Futur antérieur.
Izango naiz. (Je serai).	*Izango ninzan,* (J'aurai été)
„ *zera,* etc.	„ *zinan,* etc.

CONDITIONNEL.	IMPÉRATIF.
Présent.	Forme simple.
ninzaque, (Je serais).	*zaren.* Sois.
ziñaque,	*den,* } qu'il soit.
lizaque,	*biz.* }
giñaque,	Forme composée.
ziñateque,	*Izan adi, zaite,* sois.
liraque.	„ *bedi,* qu'il soit.
	„ *zaitezte,* soyez.
	„ *bitez.* qu'ils soient.

SUBJONCTIF.

Présent.	Imparfait.
Izan nadin, (Que je sois).	*Izan nendin*, (Que je fusse).
„ *zaitezen*,	„ *zindezen*,
„ *dedin*,	„ *zedin*,
„ *gaitezen*,	„ *gindezen*,
„ *zaitezten*,	„ *zindezten*,
„ *ditezen*.	„ *zitezen*.

POTENTIEL.

Présent.	Imparfait.
Izan naiteque, (Je puis être).	*Izan nindequean*, (Je pouvais être).
„ *zaiteque*,	„ *zindequean*,
„ *daiteque*,	„ *zidequean*,
„ *gaitezque*,	„ *gindezquean*,
„ *zaitezque*,	„ *zindezquean*,
„ *daitezque*.	„ *zidezquean*.

CONDITIONNEL.

Izan nindeque, (Je pourrais être).
„ *zindeque*,
„ *liteque*,
„ *gindezque*,
„ *zindezque*,
„ *litezque*,

INFINITIF.

Présent.

Izate. (Être).

PARTICIPE.

Présent.	Passé.	Futur.
Izaten.	*Izan* ou *Izatu*.	*Izango*.

A l'aide du verbe *Izate*, on conjugue les verbes neutres, passifs et réfléchis.

Les formes *naiz*, etc., *ninzan*, etc., et *ninzaque*, etc. peuvent être employées seules; les autres doivent toujours être accompagnées d'un participe.

Le verbe neutre.

Comme le verbe actif, il est régulier (composé) et irrégulier, (simple).

Quand il est irrégulier, il se conjugue comme les verbes des autres langues, p. ex: *Etorte*, venir, fait *nator*, *ator*, *dator*, je viens, tu viens, il vient, etc.

Le verbe neutre régulier.

Pour conjuguer le verbe neutre régulier on se sert,

1°. des temps du verbe auxiliaire; *Izate. Etorte*, venir, fait: *etorten naiz*; je viens; *etorten ninzan*, je venais; et ainsi de suite.

2°. de terminaisons qui ont inhérent en elles un régime indirect, (datif) p. ex: *etorten atzat*, tu viens à moi; *etorten zat*, il vient à moi, etc. Ces terminaisons dont suit le tableau n'ont pas de signification étant employées seules.

TABLEAU DES TERMINAISONS AUXILIAIRES DU VERBE NEUTRE.

1re personne au datif.

Singulier (à moi).	Pluriel (à nous).
INDICATIF.	
Présent.	
zatzat,	*zatzagu,*
zat,	*zagu,*
zatzazquit,	*zatzazquigu,*
zazquit	*zazquigu.*
Imparfait.	
zintzadan,	*zintzagun,*
zitzadan,	*zitzagun,*
zintzazquidan,	*zintzazquigun,*
zitzazquidan,	*zitzazquigun.*
CONDITIONNEL.	
zintzaquet,	*zintzaguque,*
litzaquet,	*litzaguque,*
zintzazquiquet,	*zintzazquiguque,*
litzazquiquet.	*litzazquiguque.*
IMPÉRATIF.	
zatzaquit	*zatzaquigu,*
bequit,	*bequigu,*
zatzaquizquit,	*zatzaquizquigu,*
bequizquit.	*bequizquigu.*

SUBJONCTIF.

Présent.

Singulier.	Pluriel.
zatzaquidan,	*zatzaquigun,*
datzaquidan,	*datzaquigun,*
zatzaquizquidan,	*zatzaquizquigun,*
datzaquizquidan.	*datzaquizquigun,*

Imparfait.

zenquidan,	*zenquigun,*
zequidan,	*zequigun,*
zenquizquidan,	*zenquizquigun,*
zequizquidan.	*zequizquigun.*

POTENTIEL.

Présent.

zatzaquidaque.	*zatzaquiguque,*
datzaquidaque,	*datzaquiguque,*
zatzazquidaque,	*zatzazquiguque,*
datzazquidaque.	*datzazquiguque,*

Passé.

zintzaquidaquean,	*zintzaquiguquean,*
zitzaquidaquean,	*zitzaquiguquean,*
zintzazquidaquean,	*zintzazquiguquean,*
zitzazquidaquean.	*zitzazquiguquean.*

CONDITIONNEL.

Comme le Passé, sans la terminaison *an*. Les 3me personnes ont *l* au lieu de *z* ainsi *litzaquidaque*. Règle pour tous les Conditionnels.

2me personne au datif.

Singulier (à toi).	Pluriel (à vous).
	INDICATIF.
	Présent.
natzazu,	*natzazute,*
zazu,	*zatzazute,*
gatzazquizu,	*gatzazquizute,*
zazquizu.	*zazquizute.*
	Imparfait.
nintzazun,	*nintzazuten,*
zitzazun,	*zitzazuten,*
gintzazquizun,	*gintzazquizuten,*
zitzazquizun.	*zitzazquizuten.*
	CONDITIONNEL.
nintzazuque,	*nintzatzuteque,*
litzazuque,	*litzazuteque,*
gintzazquizuque,	*gintzazquizuteque,*
litzazquizuque,	*litzazquizuteque.*
	Imparfait.
bequizu	*bequizute,*
bequizquizu.	*bequizquizute.*
	SUBJONCTIF.
	Présent.
natzaquizun,	*natzaquizuten,*
datzaquizun,	*datzaquizuten,*
gatzaquizquizun,	*gatzaquizquizuten,*
datzaquizquizun.	*datzaquizquizuten.*

Imparfait.

nenquizun, *nenquizuten*,
zequizun, *zequizuten*,
genquizquizun, *genquizquizuten*,
zequizquizun. *zequizquizuten*.

POTENTIEL.

Présent.

natzaquiquezu, *natzaquiquezute*,
datzaquiquezu, *datzaquiquezute*,
gatzazquiquezu, *gatzazquiquezute*,
datzazquiquezu. *datzazquiquezute*.

Passé.

nintzaquizuquean, *nintzaquizuquetean*,
zitzaquizuquean, *zitzaquizuquetean*,
gintzazquizuquean, *gintzazquizuquetean*,
zitzazquizuquean. *zitzazquizuquetean*.

CONDITIONNEL.

Comme le passé, sans le terminaison *an*.

1me personne au datif.

Singulier. Pluriel.
(à lui). (à eux).

INDICATIF.

Présent.

natzaio, *natzaiote*,
zatzaio, *zatzaiote*,
zaio, *zaiote*,
gatzazquio, *gatzazquiote*,

zatzazquio,	*zatzazquiote,*
zazquio.	*zazquiote.*

Imparfait.

nintzaion,	*nintzaioten,*
zintzaion,	*zintzaioten,*
zitzaion,	*zitzaioten,*
gintzazquion,	*gintzazquioten,*
zintzazquion,	*zintzazquioten,*
zitzazquion.	*zitzazquioten.*

CONDITIONNEL.

nintzaioque,	*nintzaioteque,*
zintzaioque,	*zintzaioteque,*
litzaioque,	*litzaioteque,*
gintzazquioque,	*gintzazquioteque,*
zintzazquioque,	*zintzazquioteque,*
litzazquioque.	*litzazquioteque.*

IMPÉRATIF.

zatzaquio,	*zatzaquiote,*
bequio,	*bequiote,*
zatzaquizquio,	*zatzaquizquiote,*
bequizquio.	*bequizquiote.*

SUBJONCTIF.

Présent.

Singulier.	Pluriel.
natzaquion,	*natzaquioten,*
zatzaquion,	*zatzaquioten,*
datzaquion,	*datzaquioten,*
gatzaquizquion,	*gatzaquizquioten.*

zatzaquizquion, *zatzaquizquioten,*
datzaquizquion. *datzaquizquioten,*

Imparfait.

nenquion, *nenquioten.*
zenquion, *zenquioten,*
zequion, *zequioten,*
genquizquion, *genquizquioten,*
zenquizquion, *zenquizquioten,*
zequizquion. *zequizquioten.*

POTENTIEL.

Présent.

natzaquioque, *natzaquioteque,*
zatzaquioque, *zatzaquioteque,*
datzaquioque, *datzaquioteque,*
gatzazquioque, *gatzazquioteque,*
zatzazquioque, *zatzazquioteqne,*
datzazquioque. *datzazquioteque.*

Passé.

nintzaquioquean, *nintzaquiotequean,*
zintzaquioquean, *zintzaquiotequean,*
zitzaquioquean, *zitzaquiotequean,*
gintzazquioquean, *gintzazquiotequean,*
zintzazquioquean, *zintzazquiotequean,*
zitzazquioquean. *zitzazquiotequean.*

CONDITIONNEL.

Comme le passé. sans la terminaison *an*.

Le verbe passif.

Le verbe passif se conjugue, à l'aide de l'auxiliaire: *Izate*, être, et du participe passé décliné, (avec l'article) de la forme active; p. ex: *jan*, part. passé, avec l'article *jana; janá da*, il est mangé. *Maitatu* aimé, avec l'article, *maitatuá*, fait au présent de l'Indicatif:

maitatua.	*naiz*, je suis.	aimé.	*maitatuac.*	*gera*, n. sommes.	aimés.
	aiz, tu es.			*zerate*, v. êtes.	
	da, et est.			*dira*, ils sont.	

On voit que le participe passé est considéré comme adjectif et qu'il s'accorde en nombre avec son sujet.

De la même façon on emploie l'adjectif p. ex: *eguraldi galantá dago*, le temps est beau; *au ederra da*, ceci est beau. Les autres dialectes se servent alors de la forme non déclinée et disent: *au eder da.*

Le verbe causatif.

Se forme généralement en faisant suivre et quelque fois en faisant préceder *erazo* ou *erazi;* p. ex: *jan erazo*, faire manger, *arrerazo*, faire prendre, *edan erazo*, faire boire.

Icasi, apprendre.	*Iracasi*, enseigner, faire apprendre.
Egin, faire.	*Eragin*, faire faire.
Ebili, aller,	*Erabili*, faire aller.

Les verbes irréguliers.

Il n'est pas impossible, que ces verbes nous offrent la forme de la conjugaison primitive; il est prouvé que dans toutes les langues, les verbes irréguliers sont les plus anciens; plus tard seulement on s'est servi des verbes auxiliaires.

Les verbes irréguliers sont actifs et neutres, et suivent, quant à la forme de leur conjugaison, les verbes auxiliaires; il serait plus correct de dire que les verbes auxiliaires sont du nombre des irréguliers.

Ainsi, tous les verbes actifs ont l'accusatif singulier ou pluriel inhérent.

L'accusatif du singulier est represente (comme dans *det*, *dezu*, *du*, etc.) par *d* et le pronom nominatif est postposé.

L'accusatif du pluriel est représenté par *tzi*, intercalé entre la racine et le pron. nominatif, p. ex:

ecarri,	apporter	fait	*dacart*,	qui fait	*dacartzit*,
eraman,	transporter	„	*daramat*,	„ „	*daramatzit*,
eroan,	emporter	„	*daroat*.	„ „	*daroatzit*,
erabilli,	apporter	„	*darabilt*,	„ „	*darabiltzit*.
iaquin,	savoir	„	*daquit*,	„ „	*daquitzit*.
iduqui,	avoir	„	*daducat*,	„ „	*daduzcat*.

Il nous semble que de, *ukhen*, *ucan*, vient *daucat* qui fait *dauzcat*, ou *dauzcatzit*.

Dans la 3me personne du sing. de l'Impératif on trouve la racine, en retranchant le *b* préfixé, qui vient du pronom *berá*, lui-même. Ainsi l'on trouve de *ecarri*, *b/ecar;* de *eraman*, *b/erama;* de *eroan*, *b/eroa;* de *ebili*, *b/ebil;* de *egon*, *b/ego;* de *ioan*, *b/ioa;* de *egin*, *b/egi;*

de *izan*, *b/iz; b/iu*, qu'il l'ait, de *uqui;* sans doute la forme d'où nous vient: *det*, *dezu*, *du*, etc.

Les verbes neutres n'ayant jamais de régime direct à exprimer, n'ont pas le *d* préfixé, mais bien le pronom nominatif, comme l'auxiliaire *Izate*. Ainsi *joan* aller fait *noa*, *oa*, *doa*, etc. Cependant il y a des verbes neutres, conjugués à la façon des verbes actifs.

La forme prohibitive,

est formée en faisant préceder *ecin*, p. ex:
ecin det, *dezu*, *du*, je ne puis pas, tu ne peux pas, etc.
ecin eman det, je ne puis donner.
ecin joan naiz, je ne puis aller.

La forme possible,

en faisant précéder les terminaisons auxiliaires par *al* de *ahal*, pouvoir; cette forme est peu usitée, p. ex:
jaten aldet, je puis manger.
etorten alnaiz, je puis venir.

Le verbe réfléchi,

se conjugue, comme le verbe neutre composé, c'est à dire avec l'auxiliaire *Izate;* p. ex: *erretzen naiz*, je me consume; *erretzen aiz*, tu te consumes; etc., *erre naiz*, etc., je me suis consumé.

L'accusatif, me, te, se, etc., est sous-entendu.

Le verbe fréquentatif.

est formé en plaçant *oi* devant la terminaison p ex: *jaten oidet*, j'ai coutume de manger; *etorten oinaiz* j'ai coutume de venir.

Le verbe impersonnel: il y a, il y a avait, se rend par les 3me personnes des temps correspondants du verbe *izate*, être, précédées de la particule *ba;* p. ex: *bada*, il y a; *bazan*, il y avait, et ainsi de suite.

Si la forme est négative on prend la particule négative *ez*: *ezta*, il n'y a pas; *etzan*, il n'y avait pas.

Si la forme est affirmative et conditionnelle on fait précéder la particule *balin*; p. ex: *balin badà*, s'il y a etc. si elle est négative et conditionnelle, ce dont les deux particules *ez*, *ba*, qui unies font *ezpa*, p. ex: *ezpada*, s'il n'y a pas; *ezpadan*, s'il n'y avait pas. La particule *ez* change la consonne suivante de douce en dure.

CHAPITRE VIII.

OBSERVATIONS SUR LE VERBE.

Si l'on excepte les verbes auxiliaires et les verbes irréguliers actifs et neutres, il n'y a pas de verbes proprement dits.

Les auxiliaires sont de véritables verbes. *Izate*, être, se conjugue comme dans plusieurs autres langues; c. a. d., qu'il a ses flexions propres, pour exprimer différents modes et différents temps, et là où il est défectif, il se conjugue par lui même; comme en Italien le verbe: Essere, fait au parfait indéfini: *Sono stato*, je suis été, pour j'ai été, de même le Basque dit: *izaten naiz*, je suis été.

L'auxiliaire qui correspond à: avoir, présente l'étrange irrégularité, comme nous l'avons dèja dit au Chapitre VII du verbe, de composer ses temps avec les participes du verbe: être. Sans cela ce verbe n'offre rien d'extraordinaire.

Les formes qui correspondent aux verbes des autres langues, sont plutôt des noms verbaux. Le genre de modification qu'elles éprouvent, les range bien plus dans la catégorie des substantifs et adjectifs que dans celle des verbes; ce ne sont cependant pas des substantifs proprement dits; car la langue Basque possède généralement une forme distincte pour le substantif; mais on les traite comme tels; on les décline et on y postpose les suffixes.

La forme en	*te*	ou *tze*,	corresp.	au prés.	de	l'Inf
„ „ „	*ten*	„ *tzen*,	„	„ part.	prés.	
„ „ „	*co*, *go*	„ *en*, *ren*.	„	„	„	futur.

et la forme qui correspond au participe passé est celle qui se trouve dans le Dictionnaire de Laramendi.

La 1re forme en *te* ou *tze*, est le substantif verbal indéfini, c. a. d. sans article: *jate*, (le) manger; avec l'article *jatea*, le manger.

Les substantifs et adjectifs verbaux qui entrent dans la composition du verbe, ont tous la forme indéfinie.

Le substantif verbal est formé du radical en y ajoutant *te* ou *tze*: *gal*, radical; *galtze*, subst. verbal, le perdre; plusieurs verbes possèdent ce radical, qui est employé par quelques dialectes; en souletin, p. ex: on dit: *gal dezake*; il peut perdre; le dialecte du *Guipuzcoa* ne connait pas cette forme; on dit: *galdu dezake*.

La 2me forme est le substantif verbal, auquel est postposé le suffixe *n*: *jaten*, *galtzen*.

La 3me forme est l'adjectif verbal (*jan*, *galdu*,) avec le suffixe *co* ou *go* postposé: *jango*, *galduco;* quelques dialectes emploient, le génitif: *janen;* comme *gizon* fait *gizonen;* et par conséquent les mots, terminés par une voyelle, comme l'adjectif verbal *galdu*, intercalent l'*r* euphonique: *galduren;* comme *Pedro* fait *Pedroren.*

Le substantif verbal est très régulier, il finit toujours en *te* ou *tze.*

L'adjectif verbal, au contraire, a plusieur terminaisons; *du*, *tu*, *n*, *i*, etc. C'est la forme qui, dans le Dictionnaire de Laramendi correspond au présent de l'Infinitif.

Les verbes irréguliers ont conservé dans l'Impératif le radical, plus le *b* préfixé: *joan* ou *ioan* fait *bioa*; *egin* fait *begi;* et ainsi *jan*, donnerait *ja*, et *eman*, *ema;* mais ces radicaux n'existent dans aucun dialecte.

Il sera superflu de dire que les suffixes sont post-posés aux noms verbaux, comme aux substantifs.

	Substantif verbal.	Adjectif verbal.
Ind.	*galtze*, *c*, (la) perte, (le) perdre.	*galdu*, *c*, perdu.
Déf.	*galtzea*, la perte, le perdre.	*galdua*, le perdu,
Ind.	*galtzen*, dans (le) perdre, (suf. *n*).	
Déf.	*galtzean*, dans le perdre.	
Ind.	*galtzeren*, du perdre. (gén.)	*galduren*, (gén.)
Déf.	*galtzearen*, „ „ („)	*galduaren*,(„)

Remarques sur la conjugaison des verbes auxiliaires.

Ces verbes sont moins irréguliers qu'on ne le croirait au premier abord.

Voici quelques indications:

La 3me pers. du singulier de l'Impératif présente la forme radicale plus le *b* préfixé pour indiquer la personne. Ce *b*, vient (?) de *bera*, le même.

Les deux auxiliaires ont chacun deux racines, dont les temps sont formés.

L'auxiliaire qui correspond a: avoir, a les racines, *u* et *eza*, que l'on retrouve, comme nons l'avons dit, dans l'Impératif *biu* et *beza*, qu'il l'ait.

u forme,	l'Indicatif,	Présent,	*du.*
		Imparfait,	*zuen.*
	le Conditionnel,	Présent,	*luque.*
eza forme,	le Subjonctif	Présent,	*dezan.*
		Imparfait,	*zezan.*
	le Potentiel,	Présent,	*dezaque.*
		Imparfait,	*zezaquean.*
		Conditionnel	*lezaque.*

Lettres caractéristiques des temps.

d, préfixé au présent	de l'Indicatif:	*du.*
	du Subjonctif,	*dezan.*
	du Potentiel,	*dezaque.*
n, postposé à l'imparfait	de l'Indicatif,	*zuen.*
	du Subjonctif,	*zezan.*
	du Potentiel,	*zezaquean.*
que, postposé au	Conditionnel,	*luque.*
	Potentiel,	*dezaque, zezaquean, lezaque.*

Tous les temps présents ont le pronom nominatif postposé.

5

Tous les imparfaits et le conditionnel l'ont préfixé.

L'imparfait de l'indicatif forme le conditionnel, en retranchant *en* et en y ajoutant *que: nuen* fait *nuque*.

L'imparfait du subjonctif forme les deux autres temps du potentiel, qui ne diffèrent que par la terminaison *an*.

L'auxiliaire *Izate* est beaucoup plus irrégulier. Il y a cependant toujours à observer qu'il a également deux racines: *iz* et *adi* dont ses temps se composent, et que l'on retrouve dans la 3me personne du singulier de l'impératif: *biz* et *bedi*, qu'il soit.

iz forme	l'Indicatif,	Présent,	*niz*, *hiz*, *da* ?
		Imparf.,	*ninzan*,
	Conditionnel,	Présent,	*ninzaque*,
adi forme,	Subjonctif,	Présent,	*nadin*,
		Imparf.,	*nendin*,
	Potentiel.	Présent,	*naiteque*,
		Imparf.,	*nindeque*.

La lettre caractéristique du pronom nominatif se place toujours devant, tandis qu'avec l'autre auxiliaire elle est généralement à la fin de la terminaison, excepté dans les imparfaits et le conditionnel où elle se trouve aussi au commencement.

Sur la forme des terminaisons auxiliaires absolues.

Les terminaisons ne sont évidemment pas des temps du verbe *izan*, comme le dit Laramendi; nous croyons plutôt de *euqui*.

Elles sont toutes formées de l'accusatif, + la racine + le nominatif.

Lettres caractéristiques,

de l'Accusatif.				du Nominatif.			
n,	1	pers.	sing.	*t*,	1	pers.	sing.
h,	2	„	„	*c*, *zu*,	2	„	„
d,	3	„	„	—,	3	„	absent.
g,	1	„	plur.	*gu*,	1	„	plur.
z,	2	„	„	*zute*,	2	„	„
d,	3	„	„	*te*,	3	„	„

Le dialecte Biscayen, fait *dot*, *doc*, *dau*. Cette dernière forme de la racine s'est conservée dans presque toutes les terminaisons.

Termin.	Accusatif.	Racine.	Caractérist. de Nomin.
nauc, zu.	*n.*	*au*	*c. zu* 2 pers.
nau,	„	„	— 3 „ absent.
nauzute,	„	„	*zute.* 2 „ plur.
naute.	„	„	*te.* 3 „ plur.
aut, (haut).	*h.*	„	*t.* 1 „
au,	„	„	— 3 „ absent.
augu,	„	„	*gu.* 1 „ plur.
aute.	„	„	*te.* 3 „ plur.

[1]) Dans le dialecte du *guipuzcoa*, le *h* est toujours supprimé.

Termin.	Accusatif.	Racine.	Caractérist. de Nomin.			
zaitut,	z.	*au.*	*t.*	1	pers.	
zaitu,	,,	,,	—	3	,,	absent.
zaitugu,	,,	,,	*gu.*	1	,,	plur.
zaituzte,	,,	,,	*zte.*	3	,,	plur.
dut, (Bisc.)	*d.*	,,	*t.*	1	,,	pers.
duc, zu.	,,	,,	*c, zu.*	2	,,	pers.
dau.	,,	,,	—	3	,,	absent.
gaituc, zu.	*g.*	,,	*c.*	2	,,	
gaitu,	,,	,,	—	3	,,	absent.
gaituzu,	,,	,,	*zu.*	2	,,	plur.
gaituzte,	,,	,,	*zte.*	3	,,	plur.
ditut,	*d.*	,,	*t.*	1	,,	
dituc, zu.	,,	,,	*c, zu.*	2	,,	
ditu.	,,	,,		3	,,	absent.

Le caractéristique du pluriel *it*, est intercalé dans la racine même et la coupe en deux; ceci est assez surprenant; mais ce qui prouve que ce n'est pas *tu*, qui est postposé, c'est que l'on trouve *it*, au commencement du mot; l'impératif *ezac* fait *itzac* avec l'acc. plur. la 2me pers. de l'imparfait *uen*, fait *ituen*.

Sur la forme des terminaisons auxiliaires relatives pour le présent de l'Indicatif.

Nous croyons retrouver dans ces terminaisons la même forme radicale *au*, avec les variations que le temps et l'usage ont pu lui faire subir.

Les lettres caractéristiques sont les mêmes; le *t* du nominatif, devient un *d*, toutes les fois qu'il ne se trouve pas à la fin du mot.

Ces terminaisons expriment un régime indirect, (datif), et nous trouvons comme lettre caractéristique du datif le *i*, comme il l'est aussi de l'article; ainsi *it* ou *id*, à moi; *ig*, à nous; *ia*, à toi; *iz*, à vous; *io* à lui.

Nous faisons suivre quelques exemples.

Term.	Acc.	Datif.	Racine.	Caract.	Nomin.
didac, zu.	*d.*	*id.*	*a* pour *au,*	*c, zu.*	2 per. sing.
dit,	*d.*	*it.*	supprimée,	—	3 „ abs.
didazute,	*d.*	*id.*	*a* „ *au,*	*zute.*	2 „ plur.
didate.	*d.*	*id.*	*a* „ *au.*	*te.*	3 „ plur.
diguc, zu.	*d.*	*ig.*	*u* „ *au,*	*c, zu*	2 „ sing.
digu.	*d.*	*ig.*	*a* „ *au,*	—	3 „ abs.
diat,	*d.*	*ih.* (?)	*a* „ *au,*	*te.*	1 „ abs.
dic.	*d.*	*ic.* (*mas.*)	supprimée,	—	3 „ abs.
diñat,	*d.*	*in.* (*fém*):	*a* „ *au,*	*t.*	1 „ sing.
din,	*d.*	*in.*	supprimée,	—	3 „ abs.
dizut,	*d.*	*iz.*	*u* „ *au,*	*t.*	1 „ sing.
dizu,	*d.*	*iz.*	*u* „ *au,*	—	3 „ abs
diot,	*d.*	*i.*	*o* „ *au,*	*t*	1 „ sing.
dioc, zu.	*d.*	*i.*	*o* „ *au,*	*c, zu.*	2 „ sing.
dio,	*d.*	*i.*	*o* „ *au,*	—	3 „ abs.

La dernière terminaison présente cependant une difficulté. *D* est l'accusatif, *i* est la lettre caractéristique du datif: *o* est donc, ou pour le pronom, ou pour la racine; si c'est le pronom, toute la racine est supprimée dans tout le verbe, ce qui est inadmissible; *o* est donc racine, et le *i* reste seul; ce qui ne parait pas étrange, puisque le pronom de la 3me personne est toujours absent. Mais comment expliquer la présence de *o*, dans les terminaisons du verbe neutre, terminaisons qui viennent du verbe *Izate?*

CHAPITRE IX.

LES ADVERBES.

Adverbes de temps.

Noiz? quand?

inoiz, nehoiz,	jamais,	*egun, gaur,*	aujourd'hui.
maiz,	souvent,	*erenegun,* / *arenegun,*	avant-hier.
sarri, / *laster,* / *bereala,*	de suite,	*bigar, biar,*	demain.
		etzi,	après demain.
aurqui,	sous peu.	*etzi damu,*	après après demain.
gero,	près,	*etzi dazu,*	le 3e jour après demain.
len,	avant,	*biaramonean,*	le lendemain.
belu, berandu,	tard,	*atzo,*	hier.
goiz,	tôt,	*aurten,*	cette année.
orain, oran,	maintenant,	*igaz,*	l'année dernière.

On y postpose régulièremene les suffixes, p. ex : *noiztic*, depuis quand? *atzotic*, depuis hier?

Adverbes de lieu.

A la question *non, nun?* où? on répond;

Emen, emenché,	ici,	*barrenen* / *barruan,*	dedans.
or, orchè,	là, y,		

An, *anché*, là; *bertan*, lá même; *goien*, *goian*, en haut; *bean*, *behean*, en bas; *campoan*, dehors.

Ceux de ces adverbes qui finissent en *n*, sont des noms avec le suffixe *n*, postposé; comme *echean* veut dire: dans la maison, *goian* veut dire, dans la hauteur, pour, en haut, ainsi.

Goi, hauteur,	*goián*,	dans la hauteur,	dessus.
Be, (le) bas,	*beán*.	dans le bas,	dessous.
Barru, interieur	*barruán*,	dans (à) l'interieur,	dedans.
Campo, extérieur	*campoán*,	dans (à) l'extérieur,	dehors.
Bertan,		dans le même endroit.	

L'adverbe de lieu *an*, sera l'origine du suffixe: *n*. On postpose également à tous ces noms les différents suffixes, p. ex: à la question, *nora?* (pour *nonra*) vers où, on répond, *gora*, vers en haut; *bera*, vers en bas; *ara*, (pour *anra*) vers-là; *barrara*, vers l'intereur; et avec *dic*, à la question, *nondic*, d'où? *emendic*, d'ici; *andic*, de lá; *campotic*, du dehors. etc.

Les adverbes de quantité comme, *asco*, beaucoup. *guchi*, *guichi*, peu, etc. n'offrent aucune difficulté.

Les adv. de quantité. une fois, deux fois se rendent par *bein*, *bi bider*, *hiru bider* et ainsi de suite.

Le adverbes de comparaison, *ala*, *alan*, ainsi; *nola*, *celan*, comme.

CHAPITRE X.

LES CONJONCTIONS.

Copulatives.	Disjonctives.	Adversatives.
eta, *ta*, *enda*, *da* — et.	*edo*, ou	*baña*, nonobstant.
	biz-biz, soit-soit.	*baia*.
	naiz-naiz, soit-soit.	*bañan*, mais.
		ordea, cependant, mais
		alaere, nonobstant.

La conjonction, que, se rend en Basque par le suffixe *la* ou *ala*.

la, { quand la terminaison auxiliaire finit par une voyelle; p. ex: *ustedu, guc artu degula*, il pense que nous l'avons pris.
quand elle finit en *n*, qu'elle perd alors. }

ala, { quand elle finit en *que*; p. ex: *jango nuqueala*, que je l'eusse mangé.
quand elle finit en *t*, qui se change en *d*, p. ex: *esan nion emaiten diodala*, dites lui que je le lui donne. }

da la devient *dela*, qu'il est.

La conjonction conditionnelle *si*, avec le verbe personnel, s'exprime en basque par *ba*, placé devant la terminaison auxiliaire, p. ex: *hare ilzen bazaitu*, s'il te tue; *salatzen badet*, si je le découvre.

Si la phrase est négative on place *ez* devant *ba* p. ex. *artu ezpanituen*, si je ne les avais pas pris.

Ez change la consonne qui suit de douce en forte. Si c'est un *z* il devient *tz*.

De ce que, se rend par: *laco*, postposé (*la*, que, *co* suff. de) p. ex: *atsegin det, osatu zautelaco*, je me réjouis de ce qu'ils t'ont guéri, où simplement par *la*, p. ex: *miresten naiz eman dizutela*, je suis étonné qu'ils te l'aient donné, (voir chapitre V, formes participiales n°. 3.)

Ba, suivi des 3e pers. du verbe *izan*, est employé pour exprimer: il y a, il y avait, *bada*, *badira*, *bazan* & (voy. p. 61.)

CHAPITRE XI.

SYNTAXE.

L'article, le substantif et la déclinaison.

Nous ne donnerons que quelques règles, espérant revenir plus tard sur ce travail.

L'article accompagne le substantif en général, là où il l'accompagne en français.

Il ne l'accompagne pas quand le substantif se trouve avec un pronom démonstratif, interrogatif où indéfini, un nom de nombre, ou un adverbe de quantité, p. ex: *gizon au*, cet homme; *gizon oiec*, ces hommes; *gizon bi*, deux hommes; *ogi asco jan det*, j'ai mangé beaucoup de pain.

Quand deux noms se suivent dont l'un qualifie l'autre, c'est toujours le dernier qui éprouve la modification p. ex: *Echeá gizon onen*, la maison de cet homme; *jabeá eché oien*, le propriètaire de ces maisons; *cer gizonec esan dio?* quel homme l'a dit? *cer gizonen*, de quel homme, *cer gizoni*, à quel homme.

Dès que le substantif est au pluriel, l'article doit l'accompagner (du moins s'il n'y a pas d'autres qualificatifs qui remplacent l'article, comme les pronoms, les noms de nombre &), puisque par lui même il ne peut exprimer le pluriel.

Quand un substantif est accompagné d'un, ou de plusieurs adjectifs, il est placé le premier : *gizon eder bat*, un bel homme.

LE VERBE.

Quand l'infinitif est le régime, on emploie en Basque le participe présent au lieu de l'infinitif p. ex: *ustazu jaten*, laisses moi manger; *icasi du iracurten*, il a apris à lire; *icusi dut aurra joten*, je l'ai vu battre l'enfant, (il aime a parler, *he likes talking.*) *bazequien cantatzen*, elle (il) savait bien chanter; *eta hura has cedin behar izaten*, et il commença a avoir besoin (disette) St. Luc. 1571. Laramendi dit qu'il est plus élegant de mettre le complément au génitif, ainsi: *icusi dut aurraren joten.*

Quand le verbe est accompagné des formes verbales *nai*, *bear*, *al*, (vouloir, devoir, pouvoir,) c'est le participe passé du verbe régi que l'on emploie: *nai nuen igorri*, je voulais venir; *naidet jan*, je veux manger: *albadet jan*, si je puis manger.

Les terminaisons absolues.

Comme l'accusatif du singulier ou du pluriel est inhérent en la terminaison même, l'accusatif se trouve doublement exprimé, dès que le verbe a un régime direct; p. ex: *jaten det ogiá*, je le mange le pain;

ecarten dizut berri on bat, je te l'apporte une bonne nouvelle.

Quand même il n'y aurait pas d'accusatif exprimé on emploie les terminaisons absolues: *Itzegiten det*, je parle, littéralement: je le parle.

Il en est de même des terminaisons relatives; le datif est deux fois désigné; p. ex: *Eman dio emacumeari*, il le lui a donné à la femme.

LES PRONOMS.

Le pronom personnel,

est placé avant ou après le verbe.

Le pronom possessif,

est placé devant le nom qu'il qualifie; au vocatif on peut le placer après; dans ce cas il devient plutôt adjectif possessif. p. ex: *aita gurea*, notre père;

Le pronom démonstratif,

est placé après le substantif qu'il qualifie et le substantif ne se décline pas, p. ex: *gizon au etorri da*, cet homme est venu; *mutil orrec jan du*, ce garçon a mangé. La terminaison *c*, qui indique le sujet d'un verbe actif est ajouté, comme l'on voit, au pronom.

Le pronom interrogatif,

est toujours placé devant le nom qu'il qualifie et le nom se décline alors sans l'article, p. ex: *cer gizon dator?* quel homme vient? avec un verbe actif: *cer gizonéc esan dio?* quil homme l'a dit? Les grammairiens ne disent rien des cas obliques.

Pronoms indéfinis.

Bat, un, quelque, se place après le substantif au génitif indéfini (sans article): *gizonen bat icusi du*, un (quelque) homme à vu; *arriren batec jo du*, alguna piedra le ha sacudido. Si, comme le prétend Lardizabal, on plaçait le substantif au génitif sing., quand il se termine par une voyelle et au génitif plur., s'il se termine par une consonne, ce serait *arriaren* et non *arriren*. Ces irrégularités proviennent de ce que l'on ne s'est pas aperçu qu'il y a une déclinaison indéfinie c. à. d. sans l'article *a*.

Iñor, *ecer*, *cerbait*, *norbait*, se placent indifféremment devant ou derrière le substantif; *cembait*, *edocein* toujours devant; c'est alors au substantif que l'on ajoute la terminaison *c*, quand il est le sujet d'un verbe actif. Avec *cembait* le substantif reste au singulier: *cembait gizonec icusi zuten?* combien d'hommes l'ont vu?

www.ingramcontent.com/pod-product-compliance
Ingram Content Group UK Ltd.
Pitfield, Milton Keynes, MK11 3LW, UK
UKHW020938180726
13838UKWH00003B/1022